BEI GRIN MACHT SICH IHR
WISSEN BEZAHLT

- Wir veröffentlichen Ihre Hausarbeit,
  Bachelor- und Masterarbeit

- Ihr eigenes eBook und Buch -
  weltweit in allen wichtigen Shops

- Verdienen Sie an jedem Verkauf

Jetzt bei www.GRIN.com hochladen
und kostenlos publizieren

Simon Winzer

Das Stocken der Märzrevolution 1848/49: Die nicht gehaltenen Versprechen der Fürsten und der Wunsch nach einer demokratischen Verfassung

GRIN Verlag

Bibliografische Information der Deutschen Nationalbibliothek:

Die Deutsche Bibliothek verzeichnet diese Publikation in der Deutschen National-
bibliografie; detaillierte bibliografische Daten sind im Internet über http://dnb.d-
nb.de/ abrufbar.

Impressum:

Copyright © 2012 GRIN Verlag GmbH
Druck und Bindung: Books on Demand GmbH, Norderstedt Germany
ISBN: 978-3-656-25516-1

Dieses Buch bei GRIN:

http://www.grin.com/de/e-book/199069/das-stocken-der-maerzrevolution-1848-49-
die-nicht-gehaltenen-versprechen

GRIN - Your knowledge has value

Der GRIN Verlag publiziert seit 1998 wissenschaftliche Arbeiten von Studenten, Hochschullehrern und anderen Akademikern als eBook und gedrucktes Buch. Die Verlagswebsite www.grin.com ist die ideale Plattform zur Veröffentlichung von Hausarbeiten, Abschlussarbeiten, wissenschaftlichen Aufsätzen, Dissertationen und Fachbüchern.

Besuchen Sie uns im Internet:

http://www.grin.com/

http://www.facebook.com/grincom

http://www.twitter.com/grin_com

Einleitung

Diese Arbeit thematisiert das Stocken der Märzrevolution im Herzogtum Oldenburg. In ihr kommt es zu einer Quellenanalyse eines anonym eingereichten Zeitungsartikels, einer Primärquelle aus dem Jahr 1849, in der der Autor die Leser ermutigt, die Revolution fortzuführen. Schließlich befasst sich die Arbeit mit dem historischen Kontext der Quelle. Hierbei wird am Ende der Befreiungskriege angefangen, wo die Herrscher den Untertanen Besserungen versprachen, die nie eintraten. Auch erläutert die Quelle vom Autor genannte historische Sachverhalte aus einem Abschnitt der Quelle. Zum Ende befasst sich die Arbeit mit den Gedanken zur konstitutionellen Monarchie, die sich der Verfasser gemacht hat und vergleicht eine Verfassungsvorstellung des Autors mit der Verfassungsentwicklung in Deutschland bis 1918.

Das Stocken der Märzrevolution

Bei der Primärquelle „Was lehrt uns die jüngste Vergangenheit"[1], abgedruckt in der Zeitung „Freie Blätter für das freie Volk" handelt es sich um einen anonym eingereichten Zeitungsartikel. Anlass der Quelle, die darüber berichtet, dass die Märzrevolution ins Stocken geraten ist, ist das einjährige Jubiläum der ersten Märzaufstände. Die Absicht des Verfassers ist es, das Volk zum Weitermachen in den Revolutionsjahren zu ermutigen.

Insgesamt besteht die Quelle aus zwei Teilen und wurde in zwei Ausgaben abgedruckt, sodass der Entstehungsort zwar Jever (Herzogtum Oldenburg) ist, die Quelle aber am 5. und 8. Februar 1849 erstmals veröffentlicht wurde.

Das Thema der Quelle ist die Fragestellung des Autors, warum die Revolution 1848 verkümmerte und die Probleme, die eine konstitutionelle Monarchie mit sich bringt. Als Adressaten lassen sich die politisch interessierten Einwohner des Bezugskreises der Zeitung nennen, die lesen können. Aufgrund der

---

1 Anonymer Verfasser: Was lehrt uns die jüngste Vergangenheit, Jever 1849

Anonymität ist über den Verfasser nichts bekannt.

Inhaltlich lässt sich die Quelle in mehrere Sinnabschnitte einteilen. Der erste Absatz des am 5. Februar erschienenen Teils ist eine Einleitung für den weiteren Verlauf des Textes. Hier berichtet der Verfasser über die Märzrevolution 1848, die ihm die Hoffnung gebracht habe, dass die Zeit der absolutistisch regierenden Fürsten vorbei sei und das Volk nun frei sein könne (vgl. Z. 1-10).

Doch dieser Wunsch sei nicht in Erfüllung gegangen, da die Bevölkerung sich vom Fürsten habe ruhig stellen lassen anstatt weiter zu revoltieren (vgl. Z. 11 ff.).

Zu Beginn des zweiten Sinnabschnitts stellt der Unbekannt die rhetorische Frage was das Volk bei der Revolution gebremst habe und wie sie ins Stocken geraten sei (vgl. Z. 14 f.). Diese beantwortet er mit der Aussage, dass das Volk „Angst vor [sich] selber und eine kindische selbstsüchtige Furcht" (Z. 17 f.) gehabt habe. Als weitere Ursache sieht er die Bürger an, die vor den Stadtgrenzen lebten und zumeist etwas mehr Einfluss hatten. Doch auch der konstitutionellen Monarchie, die „Das Grab der Freiheit" (Z. 27) sei, gibt er eine Schuld, da diese den Menschen an der Basis keine Souveränität verabreiche und nichts verändere. Dies hätten die sogenannten „Pfahlbürger" eingebrockt (vgl. Z. 25-29).

Im dritten Teil der Quelle erklärt der Einsender des Artikels, dass es falsch sei, dass in einem Land jemand [der Fürst] Exekutive und Legislative zugleich habe und somit außerhalb des Gesetzes stehe. Da er zudem durch die ausführende Gewalt die Macht über das Heer habe, teilt der Verfasser die Angst, der Herrscher könnte das Volk unterdrücken (vgl. Z. 30-37).

Zum Schluss des ersten in der Zeitung veröffentlichten Teils führt der Autor die Antwort auf seine rhetorische Frage weiter aus. So habe die Furcht, bei der Revolution eine Anarchie durch das Volk zu erschaffen dazu beigetragen, dass nun Gesetzlosigkeit durch den König herrscht (vgl. Z. 38-46).

Der zweite Teil des Artikels beginnt mit einer zweiten Antwort auf die rhetorische Frage. So käme es zum Stillstand der Revolution, da die Bevölkerung den Fürsten noch vertraue, obwohl dieses bereits wiederholt getäuscht worden sei, obwohl es die Monarchie gerettet habe (vgl. Z. 49-58).

Des Weiteren geht der Verfasser auf die Karlsbader Beschlüsse ein, die die Fürsten direkt nach dem Sieg gegen Frankreich in den Befreiungskriegen erlassen haben. Nun trage er Sorge, dass es nach dem Vormärz erneut zu einer ähnlichen Situation käme. So müsse die Lehre gezogen werden mit der Monarchie keine Verbindungen mehr einzugehen.

Im nächsten Absatz schimpft der anonyme Schreiber auf die Frankfurter Nationalversammlung, die seiner Ansicht nach von einer freien Legislative zu Lakaien der Hohenzollern und Habsburger geworden sei (vgl. Z. 71 ff.).

Zum Schluss konkludiert er mit den Worten, dass man nicht mehr mit den Fürsten verhandeln dürfte und die konstitutionelle Monarchie der falsche Weg sei und das Volk deshalb kämpfen solle. Dies ist auch die Hauptaussage des Textes.

Der Sprachstil des Autors ist appellativ, da er seine Mitmenschen davon überzeugen möchte, sich nicht auf die Worte des Fürsten zu verlassen.

Ebenfalls verwendet er viele rhetorische Stilmittel (beispielsweise Metaphern, Allegorien, rhetorische Fragen), durch die er die Leser mitreißen will.

Eingeordnet in den historischen Kontext hat die Quelle etwas mit den Märzrevolutionen 1848 und der daraus entstandenen Bewegung bis Mitte 1949 zu tun.

„Deutschland zu einem Gefängniß und jedes freie Wort zu einem todtwürdigen Verbrechen" (Z. 61).

Der historische Kontext der Quelle beginnt mit den Karlsbader Beschlüssen im Jahr 1819, die bei Nichteinhaltung zu den im Zitat genannten Folgen geführt hätten.

Vorausgegangen waren den Beschlüssen der Sieg gegen Frankreich während der Befreiungskriege 1813, während denen zum ersten Mal in der Geschichte ein deutsches National- und Zusammenhaltsgefühl ausgelöst wurde und wo man es schaffte, die Besatzungsmacht Frankreich zu vertreiben.

„Als sie [die Fürsten] […] flehten um Erlösung von der Herrschaft der Franzosen […]" (Z. 55 f.).

Nach dem Sieg gegen Frankreich kam es 1815 zum Wiener Kongress, bei dem Mitteleuropa neu gegliedert wurde und wo man über zweihundert deutschen

Staaten auf etwas über dreißig Herzogtümer und Königreiche reduzierte. Gleichzeitig entstanden mit dem Liberalismus und dem Nationalismus politische Ströme, die für den Wunsch nach einer Verfassung sorgten., politische Mitbestimmung, einen Nationalstaat und noch vieles mehr verlangten.

Als die Stimmen nun immer lauter wurden erließen die Fürsten die Karlsbader Beschlüsse, die die Pressefreiheit einschränkten, Vereine verboten, den Universitäten Spielraum nahmen und bei Nichteinhaltung zu großen Konsequenzen führen. Diese Unterdrückung ist zum Beispiel neben dem Wunsch, eine kleindeutsche bzw. großdeutsche Lösung zu finden, eines der Ursache dafür, dass es 1848 zur Revolution kam.

In der darauf folgenden Zeit gab es nun das Wartburgfest – Aktionen, wo Studenten Bücher verbrannten um ihren politischen Unmut Luft zu machen. Zusätzlich gab es noch das Hambacher Fest, auf dem überwiegend liberale Redner 1832 in der Pfalz die Einigung Deutschlands und noch mehr Rechte forderten.

1830 fand in Paris schließlich die Juli-Revolution statt, bei der der französische König Karl X. Abgesetzt wurde. Dieses Erfolgserlebnis und für viele Historiker der Beginn des Vormärzes löste eine Welle an Revolutionen in ganz Europa aus, darunter auch in Deutschland. In den 1840er-Jahren kam es schließlich zum Pauperismus, der Massenarmut, die starke Proteste gegen die Obrigkeit auslöste. Besonders berühmt ist der Massenaufstand der Weber in Schlesien 1844, der mit großer Gewalt seitens des Militärs niedergeschlagen wurde.

Im März 1848 eskalierte die Situation, sodass es in vielen Staaten, darunter auch dem Herzogtum Oldenburg, dem Ort der Entstehung der Quelle, zu revolutionären Krawallen seitens der Bevölkerung, darunter nicht nur Arbeiter und Bauern, sondern auch einiger Gelehrte, kam. Schließlich kam es 1848/49 zur Paulskirchenversammlung in Frankfurt mit knapp 500 abgeordneten, überwiegend aus der Bildungsbürgerschicht wir Juristen, Ärzte, ranghohes Militär usw. Arbeiter und Bauern waren zwar auch vertreten, jedoch nur zu einem sehr geringen Anteil.

„[...] das lehrt und selbst die vielredende, wenig handelnde Versammlung in Frankfurt am Main, die tath- und rathlos von einer gesetzgebenden

Volksvertretung zu einer wimmernden Magd der Cabinette von Berlin und Wien herabgesunken ist" (Z. 70-73).

Die Frankfurter Paulskirchenversammlung entwarf zwar einer Verfassung mit einer großdeutschen Lösung, nach der der preußische König Kaiser werden sollte und die demokratisch war, allerdings lehnte dieser, da er sich die Krone nicht vom Volk geben lassen wollte, sodass die Verfassung scheiterte. Somit hatte die Frankfurter Nationalversammlung keinen Sinn mehr und brach allmählich immer weiter auseinander, sodass die Regierungsstrukturen so wie vorher blieben.

In den Zeilen 52-62 behauptet der Autor, es bestünde immer noch ein Vertrauen zwischen dem Volk und der Obrigkeit, obwohl das Volk immer nur enttäuscht worden sei. Weitergehend sagt der Autor, dass immer wenn die Fürsten vor dem Ruin gestanden hätten (hier die Besetzung durch Frankreich zu Beginn des 19. Jahrhunderts), sie das Volk mit Versprechungen um Hilfe gebeten hätten und dieses dann bei Einforderung dieser Versprechen bestraft worden sei.

Der historische Sachverhalt auf den der Autor hier Bezug nimmt ist die Besetzung Deutschlands unter der Herrschaft Napoléons ganz zu Beginn des 19. Jahrhunderts und den damit verbundenen Niederlagen der Preußen und anderer kleiner Staaten. Frankreich besetzte seinerzeit fast die komplette linke Rheinseite inklusive Westfalen und einen kleinen Teil des heutigen Niedersachsen. Auch Preußen wurde bis 1813 mehrmals geschlagen. In der Zeit der Besatzung führte Napoléon Bonaparte den „Code Civil" ein, der den Bürgern eine Vielzahl an Rechen bescherte und die Fürsten in den besetzten Gebieten in ihrer Macht stark einschränkte, was diese natürlich alles andere als gefiel.

„Als sie wie die armen Sünder auf den Knien lagen und Gott anflehten um Erlösung vor der Herrschaft der Franzosen, da gelobten sie zugleich dem rettenden Volke Freiheit, Gleichheit, Gleichgültigkeit [...]" (Z. 55 ff.).

Zu Beginn der 1810er-Jahre lag Preußen, aber auch andere deutsche Staaten am Boden, da die verlorenen Schlachten gegen Frankreich zu einer herben Schwächung führen. Nach dem Verlust Napoléons in Russland 1812/13 baten die Fürsten zum einen das Volk um Hilfe, zum anderen entwickelte sich aber auch ein ungeheures Nationalgefühl, sodass die deutschen Länder auch unter Mithilfe von polnischen und russischen Soldaten im November 1813 bei den Befreiungskriegen (auch Völkerschlacht) gegen Frankreich antraten und es bei Leipzig gemeinsam besiegten.

„[...] das Volk stand auf und leimte die wankenden Throne mit seinem besten Herzblute fest" (Z. 57f.).
Nachdem die Soldaten Frankreich zurückgedrängt und die Posten der Fürsten halbwegs gesichert waren, wollten diese teilweisen von ihrem Versprechungen nichts mehr wissen. Auf dem Wiener Kongress ab 1815 wurde die Neuordnung Mitteleuropas beschlossen und ein paar Staaten (Großherzogtum Baden, Sachsen-Weimar-Eisenach) führten wie versprochen Konstitutionen ein, andere, darunter auch das Herzogtum Oldenburg, dem Veröffentlichungsort dieses anonymen Zeitungsartikels, verzichteten darauf.
„[...]doch als die Zeit der Erfüllung kam und als das Volk vor die Throne trat und bescheiden die Erfüllung des gegebenen Worts erbat, da war die Antwort: Kerker und Verbannung [...]" (Z.58 ff.). Der hier zuletzt genannte historische Sachverhalt sind die Karlsbader Beschlüsse von 1819. Diese schränkten die Meinungsfreiheit, das Versammlungsrecht etc. (also auch die Äußerungen auf den Wunsch einer Verfassung usw.) so stark ein und stellten den Bruch der Beschlüsse unter so harte Strafe, dass dies großen Unmut auslöste, den Fürsten in gewisser Hinsicht aber Ruhe bescherte. So konnten sie die Gefahr reduzieren, geputscht zu werden, nahmen aber Protestbewegungen in Kauf.
„Leider existiert ein solches Vertrauen noch, obgleich so lange und so dauernd dieses Vertrauen getäuscht wurde" (Z. 52f.).
Das ist der Grund, warum der Autor von einem gebrochenen Vertrauen schreibt. Gerade weil Versprechungen gemacht wurden, die Einforderung dieser aber bestraft wurden.

Das alles sind Gründe dafür, dass der Verfasser von der konstitutionellen Monarchie nicht sehr viel hält.
In seinem Bericht schreibt der Autor über die konstitutionelle Monarchie, dass sie das „Grab der Freiheit" sei, weil sie dem Volk keine Souveränität gebe. Das erklärt er damit, dass wenn ein Staatsoberhaupt in einem Staat alleine die

Macht der Exekutive besitzt und in der Legislative noch ein starkes
Mitbestimmungsrecht hat, er das Volk hintergehen kann, indem er
beispielsweise das Heer einsetzt, über das er in diesem Fall die Macht hätte.
Wenn es zudem wie in dem Beispiel des Verfassers keine Judikative gebe,
wäre der Fürst über dem Gesetz und könnte machen was ihm beliebt, sodass
der Autor gegen eine konstitutionelle Monarchie wie zu Zeiten des
Absolutismus, nicht aber wie in modernen konstitutionellen Monarchien (wie
bspw. In Großbritannien oder den Niederlanden) ist.

Hier hat der Autor durchaus Recht, denn wenn man sich beispielsweise die
erste Verfassung des Großherzogtum Badens von 1818[2] anschaut, die auch
eine konstitutionelle Monarchie war, hatte das Volk nur ganz eingeschränkt
Rechte und die Stimme bei der Wahl hatte keinen großen Einfluss. Da es keine
Judikative gab und der Badener Fürst auch die Exekutive innehatte, war dort
genau das möglich, was der Unbekannte in seinem Artikel nennt.

Allerdings sollte man bedenken, dass eine konstitutionelle Monarchie seinerzeit
nach über 800 Jahren des Absolutismus ein sehr großer Fortschritt war.

Auch heißt eine konstitutionelle Monarchie nicht gleich das, was der Autor in
seiner Quelle erwähnt. In Großbritannien beispielsweise gibt es auch
heutzutage noch eine konstitutionelle Monarchie ohne dass das eintritt, was der
Autor prophezeit, dass diese Regierungs- und Verfassungsform im allgemeinen
nicht funktioniert.

Daher muss an dieser Stelle zwischen einer demokratisch konstitutionellen und
einer undemokratischen konstitutionellen Monarchie differenziert werden.

Vergleicht man diese negative Verfassungsvorstellung des Autors mit der
Verfassungsentwicklung bis 1918, sieht man, dass 1871 zwar schon vereinzelt
Verbesserungen eintraten (zu 1848/49 war sie zwar ein radikaler Rückschritt,
trotzdem erhielt sie vereinzelt Verbesserungen), sich der grundlegende Wunsch
des Autors aber erst ab 1918 erfüllte.

Zwar war die Verfassung von 1848/49[3] schon ein sehr großer Fortschritt, da sie
die Gewaltenteilung beinhaltete (Legislative, Judikative, Exekutive), die ein
Wahlrecht (mit einem Parlament und Landtagen beinhaltete, die aber zeitgleich
eine Monarchie, aber trotzdem demokratisch war. Nur enthielt sie kein

---

2   http://upload.wikimedia.org/wikipedia/de/6/69/Badische_Verfassung.png
3   http://upload.wikimedia.org/wikipedia/commons/c/c9/Paulskirchenverfassung.PNG

Frauenwahlrecht. Da diese aber, wie bereits im historischen Kontext geschrieben, nie umgesetzt wurde, blieb alles so wie es vorher war.

1871 zur Reichsgründung gab es dann zwar eine größere Verfassung[4], die jedoch ebenfalls nur ein Wahlrecht für Männer ab 25 bot und bei der es keine Judikative und somit auch keine Gerichtsbarkeit im Vergleich zu der nie durchgesetzten Paulskirchenverfassung gab. Zusätzlich hatte das gewählte Parlament kaum Macht und konnte jederzeit vom Monarchen aufgelöst werden, sodass es hier Ähnlichkeiten mit den Ängsten des Verfassers gibt und die durchgesetzte Verfassung zur Reichsgründung 1871 ein großer Rückschritt zur geplanten und nie durchgesetzten Konstitution von 1848/49 darstellt.

Erst mit der Verfassung von 1918/19 für die Weimarer Republik[5] kehre eine Demokratie ein, wie der Verfasser des Textes es sich wahrscheinlich gewünscht hätte. Nach der Novemberrevolution und den Revolten 1918 wurde der Kaiser abgesetzt und die neu entworfene Verfassung in den Jahren 1918/19 war eine parlamentarische Demokratie. Ferner gab es ein allgemeines, freies und geheimes Wahlrecht für Männer und nun auch erstmals für Frauen ab 21 Jahren. Auch gab es nun auch erstmals durch das Reichsgericht eine unabhängige Judikative in Deutschland.
Die neue Parteienvielfalt, die Demokratie und vieles mehr aus Weimar führt deshalb dazu, dass sie kaum Ähnlichkeiten mit den alten Verfassungen hat. Hier ist nur das eingeschränkte Parlament von 1871 zu nennen. Die Verfassung von 1919 ist daher diejenige, die sich am meisten mit der Verfassungsvorstellung des Autors deckt, auch wenn diese nach gerade einmal vierzehn Jahren vom NS-Regime untergraben werden konnte.

---

4   http://upload.wikimedia.org/wikipedia/de/9/92/Verfassung1871.jpg
5   http://upload.wikimedia.org/wikipedia/commons/thumb/c/cb/Politisches_System_der_Weimarer_Rep
    ublik.svg/550px-Politisches_System_der_Weimarer_Republik.svg.png

Literaturverzeichnis

- Ohne Verfasser/Anonym: Was lehrt uns die jüngste Vergangenheit? (Auszüge). In: Freie Blätter für das freie Volk, Erster Jahrgang Nr. 15, 5. Februar 1849, S. 62 f. Und Nr. 16, 8. Februar 1849, S. 67 f., hrsg. Von D. Böckel und W. v. Freeden, Jever 1849

- Bildquelle: Die badische Verfassung von 1818, http://upload.wikimedia.org/wikipedia/de/6/69/Badische_Verfassung.png (letzter Zugriff am 7. August 2012)

- Bildquelle: Die Paulskirchenverfassung, http://upload.wikimedia.org/wikipedia/commons/c/c9/Paulskirchenverfass ung.PNG (letzter Zugriff am 7. August 2012)

- Bildquelle: Die Verfassung von 1871, http://upload.wikimedia.org/wikipedia/de/9/92/Verfassung1871.jpg (letzter Zugriff am 7. August 2012)

- Bildquelle: Die Verfassung von 1919, http://upload.wikimedia.org/wikipedia/commons/thumb/c/cb/Politisches_S ystem_der_Weimarer_Republik.svg/550px-Politisches_System_der_Weimarer_Republik.svg.png (letzter Zugriff am 7. August 2012)